سانتا کے ساتھ یوگا

Marcy Schaaf

Urdu

Yoga with Santa

Marcy Schaaf

سانتا سال کی اپنی مصروف ترین رات کے لیے تیار ہو رہا ہے — لیکن اس بار، وہ کچھ نیا کرنے کی کوشش کر رہا ہے! پوری دنیا کے بچوں کو تحائف دینے سے پہلے، سانتا اور مسز کلاز نے یوگا میٹ کو رول آؤٹ کیا اور کچھ جولی اسٹریچ اور پوز کی مشق کی۔

قطبی ہرن کے موڑ سے لے کر کینڈی کین موڑ تک، سانتا سیکھتا ہے کہ یوگا کیسے اسے مضبوط، زیادہ لچکدار، اور توانائی سے بھرپور محسوس کرتا ہے! سانتا کے یوگا سفر میں شامل ہوں کیونکہ اسے کرسمس کے موقع پر جادوئی مہم جوئی کے لیے تیار کرنے کا ایک دلچسپ طریقہ مل جاتا ہے۔

ہو ہو ہو — چلو بہاؤ!

سانتا کے ساتھ یوگا کے ساتھ کھینچنے، ہنسنے اور چھٹی کے جذبے کو محسوس کرنے کے لیے تیار ہو جائیں!

یہ سال کا سب سے جادوئی وقت ہے، اور سانتا کرسمس کے موقع پر اپنے بڑے سفر کی تیاری میں مصروف ہے! لیکن پوری دنیا میں تحائف پہنچانا بہت کام ہے، اور اس سال سانتا اس بات کو یقینی بنانا چاہتا ہے کہ وہ بالکل نئے انداز میں تیار ہے۔

سانتا میں شامل ہوں جب اسے یوگا کی خوشی کا پتہ چلتا ہے، اپنی مصروف ترین رات کے لیے خود کو تیار کرنے کے لیے کھینچنا اور حرکت کرنا۔ مسز کلاز اور یلوس کی مدد سے، سانتا سیکھتا ہے کہ تھوڑی سی لچک، توازن، اور مزہ بہت آگے جا سکتا ہے—خاص طور پر جب چھٹی کی خوشی پھیلانے کی بات آتی ہے!

آئیے اپنی چٹائیوں کو رول آؤٹ کریں اور سانتا کے ساتھ کچھ یوگا کریں!

Santa was getting ready for his biggest night of the year.

سانتا سال کی اپنی سب سے بڑی
رات کے لیے تیار ہو رہا تھا۔

But this year, Santa felt a bit stiff from sitting all day.

لیکن اس سال سانتا کو سارا دن
بیٹھنے سے تھوڑا سخت محسوس
ہوا۔

Mrs. Claus said "Yoga will make you feel flexible and strong again!"

مسز کلاز نے کہا "یوگا آپ کو دوبارہ لچکدار اور مضبوط محسوس کرے گا!"

So Santa rolled out a mat and began with a simple stretch.

تو سانتا نے ایک چٹائی لپیٹ دی اور
ایک سادہ کھینچ کے ساتھ شروع کیا۔

First, Santa reached his arms high,
stretching toward the North Star.

سب سے پہلے، سانتا نارتھ سٹار کی طرف
بڑھتے ہوئے اپنے بازو اونچے تک پہنچا۔

Next, Santa bent down, touching his toes like a candy cane.

اس کے بعد، سانتا نیچے جھکا، کینڈی کی چھڑی
کی طرح اپنے پیروں کی انگلیوں کو چھو رہا تھا۔

He then twisted his waist like a pretzel.
"Feeling looser already!"

پھر اس نے اپنی کمر کو پریٹزل کی طرح گھما دیا۔ "پہلے ہی ڈھیلے محسوس کر رہے ہیں!"

Santa balanced on one leg, pretending to be a tall Christmas tree.

ایک لمبا کرسمس ٹری ہونے کا بہانہ کرتے
ہوئے سانتا ایک ٹانگ پر متوازن ہے۔

"Whoa!" he said, wobbling a little, "This is harder than I thought!"

"واہ!" اس نے تھوڑا سا ہلتے ہوئے کہا، "یہ اس
سے زیادہ مشکل ہے جتنا میں نے سوچا تھا!"

Santa did the reindeer pose, crouching low and stretching his back.

سانتا نے قطبی ہرن کا پوز کیا، نیچے
جھک کر اور اپنی پیٹھ کو پھیلایا۔

"Dasher and Dancer always so quick-
maybe this will help us too!"

"ڈیشر اور ڈانسر ہمیشہ اتنی جلدی -
شاید یہ ہماری بھی مدد کرے گا!"

Prancer lifted his arms, pretending to fly like his sleigh in the night sky.

پرانسر نے اپنے بازو اٹھائے، رات کے آسمان
میں اپنی سلیگ کی طرح اڑنے کا بہانہ کیا۔

Next was the snowman pose, where Frosty stood tall and round.

اگلا سنو مین پوز تھا، جہاں فراسٹی
لمبا اور گول کھڑا تھا۔

"Ho ho ho!" Santa laughed.
"Look at Frosty!"

"ہو ہو ہو!" سانتا ہنسا۔
"فراسٹی کو دیکھو!"

"I feel great!" Santa said.
"I'm ready to take on Christmas Eve!"

"مجھے بہت اچھا لگتا ہے!" سانتا نے کہا۔
"میں کرسمس کے موقع پر لینے کے لیے تیار ہوں!"

But then, Santa tried the downward reindeer pose and tumbled over!

لیکن پھر، سانتا نے نیچے کی طرف
قطبی ہرن کا پوز آزمایا اور گر گیا!

"Oops!" Santa chuckled, "Guess I need more practice with that one!"

"افوہ!" سانتا نے قہقہہ لگایا، "لگتا ہے مجھے اس کے ساتھ مزید مشق کی ضرورت ہے!"

After finishing, Santa sat in the snowflake pose, breathing in deeply.

ختم کرنے کے بعد، سانتا گہری سانسیں لے
کر برف کے تودے کے پوز میں بیٹھ گیا۔

"Yoga makes me feel calm and strong, just what I need tonight."

"یوگا مجھے پرسکون اور مضبوط محسوس کرتا ہے، بس مجھے آج رات کی ضرورت ہے۔"

Santa then hopped into his sleigh, feeling energized and flexible.

اس کے بعد سانتا حوصلہ افزائی اور لچکدار
محسوس کرتے ہوئے اپنی سلیگ میں گھس گیا۔

The reindeer galloped through the sky,
pulling Santa and his gifts.

قطبی ہرن سانتا اور اس کے تحائف کو
کھینچتے ہوئے آسمان سے سرپٹ دوڑا۔

He crouched down easily to fill stockings
and place gifts under trees.

وہ جرابیں بھرنے اور درختوں کے نیچے تحائف
رکھنے کے لیے آسانی سے نیچے جھک گیا۔

Even climbing chimneys seemed easier after
his yoga practice!

یہاں تک کہ چمنیوں پر چڑھنا بھی اس کی
یوگا مشق کے بعد آسان معلوم ہوتا تھا!

"Ho ho ho!" Santa laughed. "Yoga was the perfect idea!"

"ہو ہو ہو!" سانتا ہنسا۔ "یوگا بہترین
خیال تھا!"

By the time Santa finished, he still had plenty of energy to spare.

سانتا کے ختم ہونے
تک، اس کے پاس
ابھی بھی کافی
توانائی باقی تھی۔

He returned to the North Pole and stretched one more time.

وہ قطب شمالی کی طرف واپس آیا اور
ایک بار اور بڑھایا۔

"I'm glad I tried yoga," Santa said. "It made Christmas even merrier!"

"مجھے خوشی ہے کہ میں نے یوگا کرنے کی
کوشش کی،" سانتا نے کہا۔ "اس نے کرسمس
کو اور بھی خوشگوار بنا دیا!"

"Next year, I'll teach the reindeer and elves yoga too!" Santa declared.

"اگلے سال، میں قطبی ہرن اور یلوس کو بھی یوگا سکھاؤں گا!" سانتا نے اعلان کیا۔

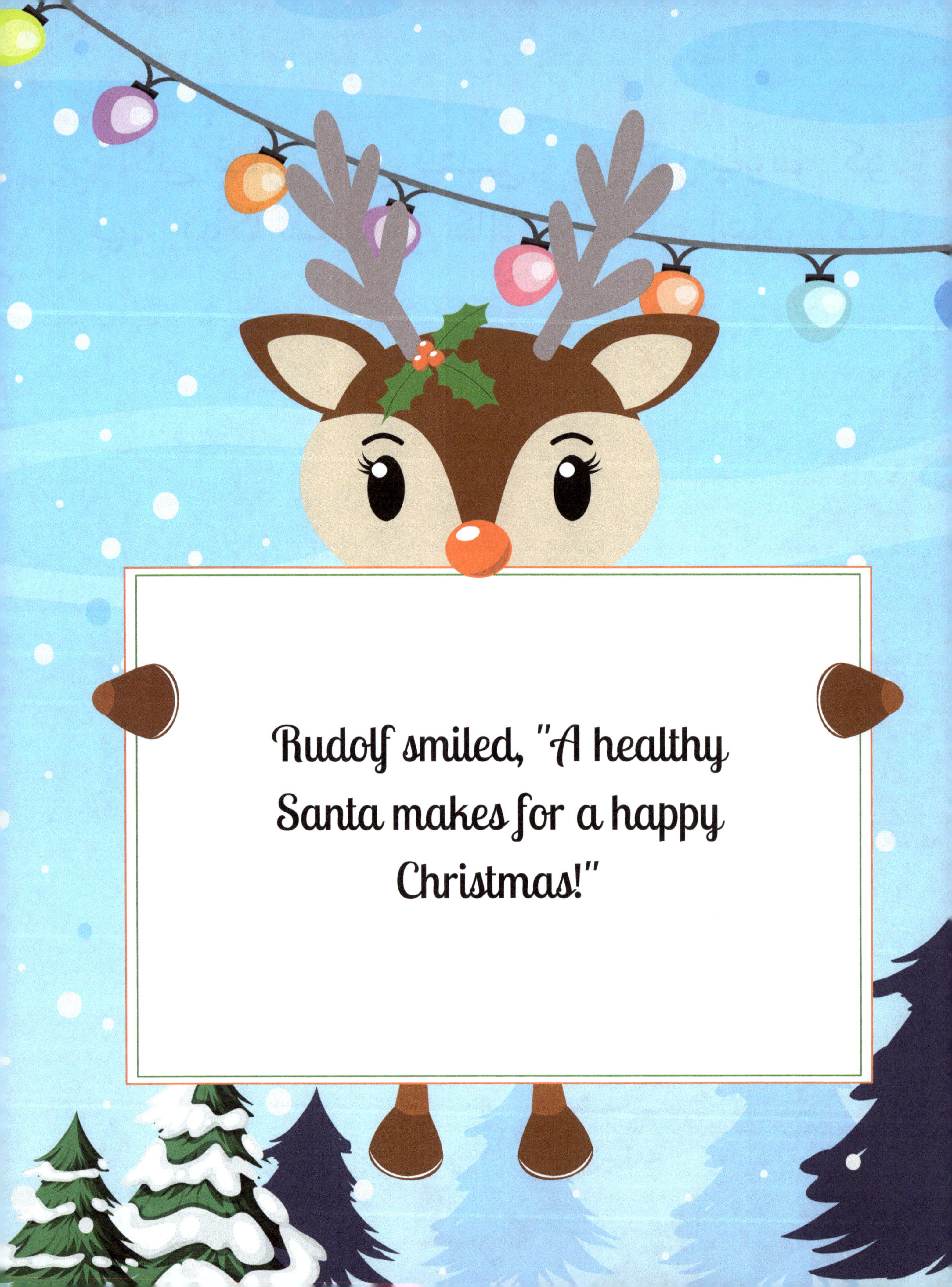

Rudolf smiled, "A healthy Santa makes for a happy Christmas!"

روڈولف مسکرایا، "ایک
صحت مند سانتا کرسمس
کی خوشی کا باعث بنتا
ہے!"

And from then on, Santa practiced yoga every holiday season!

اور تب سے، سانتا نے ہر چھٹی کے موسم میں یوگا کی مشق کی!

The
End

دی اینڈ

Join Our Book of the Month Club!

Looking for the perfect gift that keeps on giving? Join our Book of the Month Club! For just $30 a month, or $300 if you purchase a year upfront, you or your loved ones will receive a handpicked children's book every month, straight to your doorstep.

Here's how it works:
Choose from 15 different languages to receive bilingual books that make learning fun.
Enjoy monthly shipments of our exclusive books that inspire, teach, and entertain children of all ages.
Each month's book is carefully selected to provide a new adventure, valuable lesson, and a chance to explore cultures from around the world.
It's the perfect gift for birthdays, holidays, or just because! Whether you're nurturing a young reader or encouraging language learning, our Book of the Month Club is designed to bring joy to every bookshelf.

Exclusive Bonus: As part of your membership, you'll also receive a monthly podcast about our featured book delivered straight to your email! Listen in for behind-the-scenes insights, fun facts, and tips for making storytime even more magical.

Sign up today at www.Booksbyschaaf.com and start enjoying the gift of reading all year long!

ہمارے بک آف دی منتھ کلب میں شامل ہوں!

کامل تحفہ تلاش کر رہے ہیں جو دیتا رہتا ہے؟ ہمارے بک آف دی منتھ کلب میں شامل ہوں! صرف 30$ فی مہینہ میں، یا 300$ اگر آپ ایک سال پہلے خریدتے ہیں، تو آپ کو یا آپ کے پیاروں کو ہر ماہ بچوں کی ایک ہینڈ پک کتاب موصول ہوگی، سیدھے آپ کی دہلیز پر۔

یہاں یہ ہے کہ یہ کیسے کام کرتا ہے:
دو لسانی کتابیں حاصل کرنے کے لیے 15 مختلف زبانوں میں سے انتخاب کریں جو سیکھنے کو مزہ دیتی ہیں۔
ہماری خصوصی کتابوں کی ماہانہ ترسیل سے لطف اٹھائیں جو ہر عمر کے بچوں کو متاثر کرتی ہیں، سکھاتی ہیں اور ان کی تفریح کرتی ہیں۔
ہر مہینے کی کتاب کو ایک نیا ایڈونچر، قیمتی سبق اور دنیا بھر کی ثقافتوں کو دریافت کرنے کا موقع فراہم کرنے کے لیے احتیاط سے منتخب کیا جاتا ہے۔
یہ سالگرہ، تعطیلات، یا صرف اس لیے بہترین تحفہ ہے! چاہے آپ ایک نوجوان قاری کی پرورش کر رہے ہوں یا زبان سیکھنے کی حوصلہ افزائی کر رہے ہوں، ہماری بک آف دی منتھ کلب کو ہر بک شیلف پر خوشی لانے کے لیے ڈیزائن کیا گیا ہے۔

خصوصی بونس: آپ کی رکنیت کے حصے کے طور پر، آپ کو ہماری نمایاں کتاب کے بارے میں ایک ماہانہ پوڈ کاسٹ بھی موصول ہوگا جو براہ راست آپ کے ای میل پر پہنچایا جائے گا! پردے کے پیچھے کی بصیرتیں، تفریحی حقائق، اور کہانی کے وقت کو مزید جادوئی بنانے کے لیے تجاویز سنیں۔

آج ہی www.Booksbyschaaf.com پر سائن اپ کریں اور سال بھر پڑھنے کے تحفے سے لطف اندوز ہونا شروع کریں!

Books By Schaaf

www.BookBySchaaf.com

Find us at:

Available at
amazon

Thalia

BARNES & NOBLE

lulu

BOOKS BY SCHAAF

TikTok
Shop

IngramSpark

www.ingramcontent.com/pod-product-compliance
Lightning Source LLC
LaVergne TN
LVHW082050051026
849532LV00011B/3554
* 9 7 9 8 3 3 0 5 1 4 2 3 6 *